PROCÈS VERBAL

DES SÉANCES

DE,

L'ASSEMBLÉE PROVINCIALE

D'AUVERGNE,

TENUE A CLERMONT-FERRAND,

Dans le mois d'Août 1787.

'A CLERMONT-FERRAND,

De l'Imprimerie d'Antoine DELCROS, Imprimeur du Roi,

M. DCC. LXXXVII.

LK 15/13

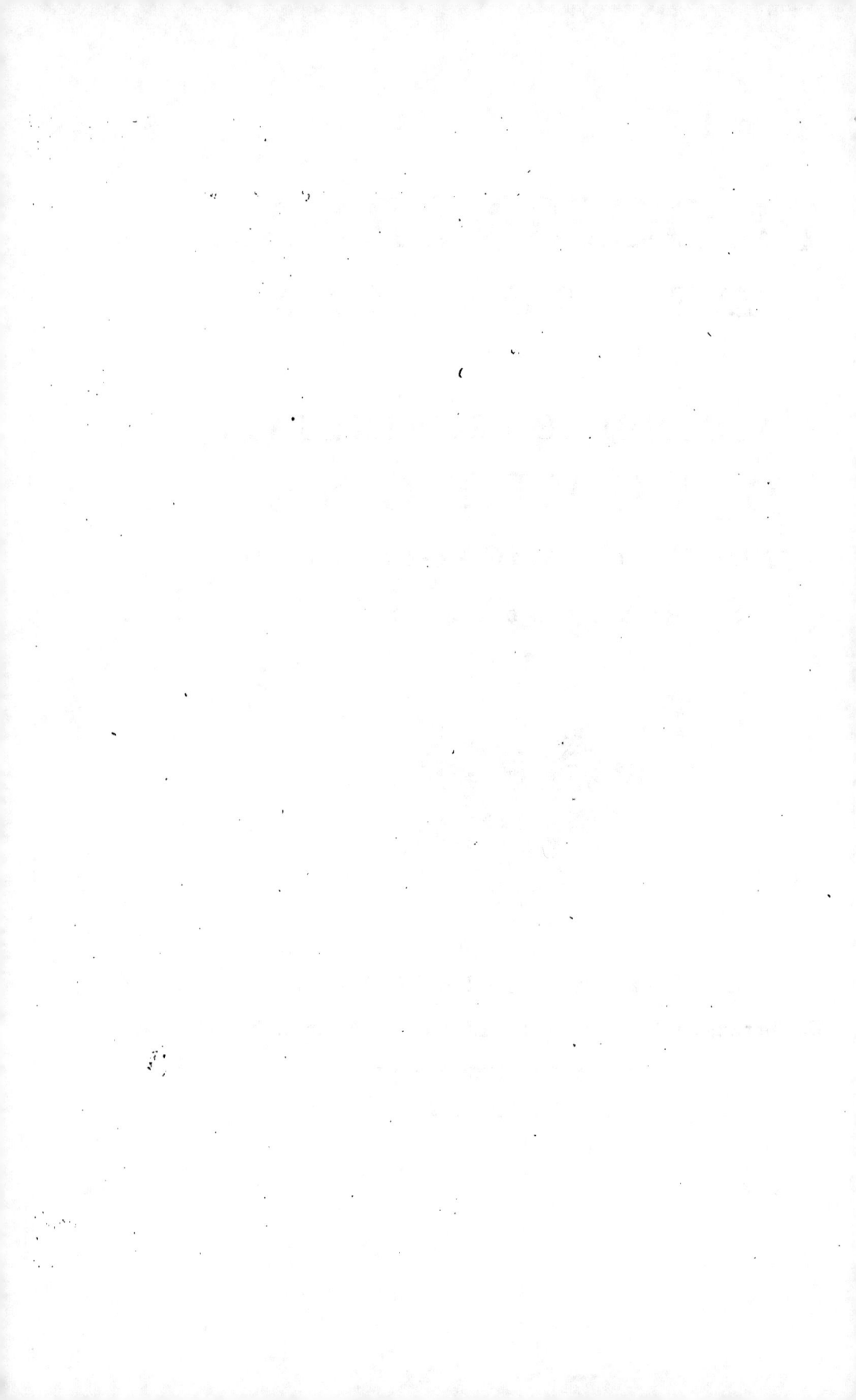

ÉDIT DU ROI,

PORTANT création d'Assemblées provinciales.

Donné à Versailles au mois de Juin 1787.

LOUIS, PAR LA GRACE DE DIEU, ROI DE FRANCE ET DE NAVARRE : A tous présens & à venir ; SALUT. Les heureux effets qu'ont produit les Administrations provinciales établies par forme d'essai dans les Provinces de Haute-Guyenne & de Berry, ayant rempli les espérances que Nous en avions conçues, nous avions jugé qu'il étoit temps d'étendre le même bienfait aux autres Provinces de notre Royaume, Nous avions été confirmés dans cette résolution par les délibérations unanimes des Notables que Nous avons appellés auprès de Nous, & qui, en Nous faisant d'utiles observations, sur la forme de cet Etablissement, Nous ont supplié avec instance de ne pas différer à faire jouir tous nos Sujets des avantages sans nombre qu'il doit produire : Nous déférons à leur vœu avec satisfaction, & tandis que par un meilleur ordre dans les finances, & par la plus grande économie dans les dépenses, Nous travaillerons à diminuer la masse des impôts, Nous espérons qu'une institution bien combinée en allégera le poids par une plus exacte répartition, & rendra facile l'exécution des plans que Nous avons formés pour la

A 2

félicité publique. A CES CAUSES & autres à ce Nous mouvant, de l'avis de notre Confeil & de notre certaine fcience, pleine puiffance & autorité royale, Nous avons, par notre préfent Edit perpétuel & irrévocable, dit, ftatué & ordonné ; difons, ftatuons & ordonnons, voulons & Nous plaît ce qui fuit :

ARTICLE PREMIER.

Il fera dans toutes les Provinces de notre Royaume où il n'y a point d'Etats provinciaux, & fuivant la divifion qui fera par Nous déterminée, inceffamment établi une ou plufieurs Affemblées provinciales, & fuivant que les circonftances locales l'exigeront, des Affemblées particulières de Diftriâts, & de Communautés, & pendant les intervalles de la tenue defdites Affemblées, des Commiffions intermédiaires, les unes & les autres compofées d'aucuns de nos Sujets des trois Ordres, payant les impofitions foncières ou perfonnelles dans lefdites Provinces, Diftriâts & Communautés, & ce dans le nombre qui fera par Nous fixé proportionnellement à la force & à l'étendue defdites Provinces, Diftriâts & Communautés, fans néanmoins que le nombre des perfonnes choifies dans les deux premièrs Ordres, puiffe furpaffer le nombre des perfonnes choifies pour le Tiers-Etat, & les voix feront recueillies par tête alternativement entre les Membres des différents Ordres.

I I.

LESDITES Affemblées provinciales feront par elles-mê-més, ou par les Affemblées ou Commiffions qui leur feront fubordonnées, chargées, fous notre autorité & celle de notre Confeil, de la répartition & affiette de toutes les impofitions foncières & perfonnelles, tant de celles dont le produit doit être porté en notre Tréfor royal, que de celles qui ont ou au-ront lieu, pour chemins, ouvrages publics, indemnités, encouragemens, réparations d'Eglifes & de Presbitères & autres dépenfes quelconques propres auxdites Provinces, ou aux Diftricts & Communautés qui en dépendent. Voulons que lefdites dépenfes, foit qu'elles foient communes auxdites Provinces, foit qu'elles foient particulières à quelques Diftricts ou Communautés, foient, fuivant leur nature, délibérées ou fuivies, approuvées ou furveillées par lefdites Affemblées provinciales, ou par les Affemblées ou Commiffions qui leur feront fubordonnées, leur attribuant, fous notre autorité & furveillance, ainfi qu'il fera par Nous déterminé, tous les pouvoirs & facultés à ce néceffaires.

I I I.

LES Procureurs-Syndics qui feront établis près de chacune defdites Affemblées provinciales & de diftricts, pourront, en leurs noms & comme leurs repréfentans, préfenter toutes requêtes, former toutes demandes, & introduire toutes inftances pardevant les Juges qui en doivent connoître, & même intervenir dans toutes les affaires générales ou particulières qui pourront intéreſſer leſdites Provinces ou Diſtricts, & les pourſuivre au nom deſdites Aſſemblées, après toutefois qu'ils y auront été autoriſés par elles ou par les Commiſſions intermédiaires.

I V.

La préſidence deſdites Aſſemblées & Commiſſions intermédiaires, ſera toujours confiée à un Membre du Clergé ou de la Nobleſſe, & elle ne pourra jamais être perpétuelle.

V.

Il ſera loiſible auxdites Aſſemblées provinciales de nous faire toutes repréſentations & de nous adreſſer tels projets qu'elles jugeront utiles au bien de nos Peuples, ſans cependant que, ſous prétexte deſdites repréſentations ou projets, l'aſſiette & le recouvrement des Impoſitions établies, ou qui pourront l'être, puiſſent à raiſon deſdites repréſentations ou projets, éprouver aucun obſtacle ni délai. Voulons dès-à-préſent qu'il y ſoit audit cas procédé dans la forme actuellement exiſtante.

V I.

Nous nous réſervons de déterminer, par des Réglemens particuliers, ce qui regarde la première convocation deſdites Aſſemblées, leur compoſition & celle des Commiſſions in-

termédiaires, ainsi que leur police & tout ce qui peut concer-
ner leur organisation & leurs fonctions, & ce conformément
à ce qui est prescrit par notre présent Edit, & à ce que pourront exiger les besoins particuliers, coutumes & usages des-
dites Provinces. SI DONNONS EN MANDEMENT à nos
amés & féaux Conseillers les gens tenant notre Cour de
Parlement à Paris & notre Cour des Aides à Clermont-Ferrand, que notre présent Edit ils ayent à faire lire, publier &
registrer, & le contenu en icelui garder, observer & exécuter
selon sa forme & teneur : CAR tel notre plaisir ; & afin que
ce soit chose ferme & stable à toujours, Nous y avons fait
mettre notre scel. DONNÉ à Versailles, au mois de Juin,
l'an de grace mil sept cent quatre-vingt-sept, & de notre
regne le quatorzième. *Signé*, LOUIS. *Et plus bas*, Par le
Roi, LE BARON DE BRETEUIL. *Visa*, DE LAMOIGNON.
Vu au Conseil : LAURENT DE VILLEDEUIL. Et scellé
du grand sceau de cire verte en laes de soie rouge & verte.

*Registré, ouï & ce requérant le Procureur Général du Roi, pour être
exécuté selon sa forme & teneur, & copies collationnées dudit Edit envoyées aux Bailliages & Sénéchaussées du Ressort, pour y être lu, publié
& registré, enjoint aux Substituts du Procureur Général du Roi èsdits
Siéges d'y tenir la main, & d'en certifier la Cour dans le mois. Et sera
le Signeur Roi très-humblement supplié de vouloir bien completer son
bienfait & en assurer la stabilité, en adressant à ses Cours les Réglemens particuliers que ledit Seigneur Roi se reserve de faire par l'art. VI.
du présent Edit, pour y être vérifiés en la forme ordinaire, suivant l'Ar-*

rêt de ce jour. A Paris en Parlement , toutes les Chambres affemblées ; les Princes & Pairs y féant , le vingt-deux Juin mil fept cent quatre-vingt-fept. Signé, LEBRET.

Regiftré , où & ce requérant le Procureur Général du Roi , pour y avoir recours quand befoin fera , & être exécuté felon fa forme & teneur , à la charge que les Réglemens annoncés par l'art. VI., feront adreffés à la Cour , revêtus de Lettres Patentes en la forme ordinaire , pour y être duement vérifiés , ordonné que lefdites Lettres Patentes , feront impri-mées , lues , publiées & affichées par-tout où befoin fera , & Copies col-lationnées d'icelles envoyées aux Juridictions du reffort de la Cour , pour y être pareillement lues , publiées l'Audience tenant & regiftrées , enjoint aux Subftituts du Procureur Général du Roi , d'y tenir la main & de certifier la Cour de leurs diligences au mois. Fait à Clermont-Ferrand , en la Cour des Aides , le huit Août mil fept cent quatre-vingt-fept.

Signé, MORANGES.

PROCÈS VERBAL

PROCÈS VERBAL

DES SÉANCES

DE L'ASSEMBLÉE PROVINCIALE

D'AUVERGNE,

TENUE A CLERMONT-FERRAND,

Dans le mois d'Août 1787.

L'AN mil fept cent quatre-vingt-fept, le quatorzième jour d'Août, à onze heures du matin, dans la ville de Clermont-Ferrand, & dans la grande falle du Collège de cette Ville, qui a été choifie pour la tenue de l'Affemblée provinciale d'Auvergne établie par Edit de Juin dernier, & indiquée à cejourd'hui par Réglement du Roi, du huit Juillet fuivant.

MM. les Membres nommés par Sa Majefté, pour former cette Affemblée, ont remis fur le bureau les lettres de convocation à eux envoyées par ordre de Sa Majefté, pour la tenue de la préfente & première Affemblée, & ont pris féance dans l'ordre fuivant.

B

Procès Verbal.
14 Août 1787.

PRÉSIDENT.

Messire Joachim-Charles-Laure M o n t a g u, Vicomte DE B e a u n e, _Lieutenant-Général des Armées du Roi._

LE CLERGÉ.

Messire Claude-Marie R u f f o, des Comtes DE LA Ric, _Evêque, Seigneur de Saint-Flour, Comte de Brioude._

M. Joseph DE M i c o l o n, _Abbé commendataire de Beaulieu, Prieur de Rengny, Chanoine de l'Eglise de Clermont, Vicaire-Général & Syndic du Diocèse._

M. Henry-Annet DE B r u g i e r DE R o c h e b r u n e, _Archiprétre de la Cathédrale de Saint-Flour, Vicaire-Général du Diocèse._

M. Jean - Baptiste D E V a u l x, _Comte de Brioude, Vicaire-Général de Saint-Flour._

M. Jean-Joseph D E P e s t e l s, _Doyen du Chapitre d'Aurillac, ancien Comte de Brioude._

M. Jean-Pierre M i a l l e t D E F a u l a t, _Abbé & Seigneur de Montsalvy._

M. François D E R i o l z, _Trésorier de la Ste. Chapelle de Riom._

LA NOBLESSE.

M. Jean-Gaspard de C a s s a i g n e DE B e a u f o r t, Marquis D E M i r a m o n, _Seigneur du Marquisat de Miramon, Bezon, Pauliac & autres lieux._

Procès Verbal.
14 Août 1787.

M. Henry-Gilbert DE LA ROCHELAMBERT, *Seigneur de Banſcé, Vinzelles, Uſſon & autres places.*

M. Jean-Baptiſte Comte DE LA QUEUILLE, *Marquis de Chateaugay, Baron de la Queuille.*

M. Joſeph-Thomas Comte D'ESPINCHAL, *Seigneur Comte de Maſſiac.*

M. Marie-Paul-Joſeph-Roch-Yves-Gilbert DU MOTIER, Marquis DE LA FAYETTE, *Maréchal des Camps & Armées du Roi, Major-Général au ſervice des Etats-Unis de l'Amérique.*

LE TIERS-ÉTAT. MM.

Louis-Anne REBOUL, *Écuyer, Seigneur de Villars, ancien Lieutenant-Général de la Sénéchauſſée, Préſidial & de Police de cette ville, & Maire actuel.*

Pierre ROCHETTE, *Chevalier, Conſeiller du Roi, Maire de la ville de Riom.*

François LEIGONYER DE PRUNS, *Écuyer, Seigneur de Pruns, Chevalier de l'Ordre Royal & Militaire de Saint-Louis, Capitaine au Régiment du Roi, Dragons, Maire perpétuel de la ville d'Aurillac.*

Jean DAUDE, *Avocat du Roi au Bailliage de St. Flour.*

Marcelin BAYET, *Avocat du Roi en la Prévôté d'Iſſoire.*

Léon BEC DUTREUIL, *Avocat en Parlement, à Brioude.*

B 2

Procès Verbal.
14 Août 1787.

Jean-Baptiste L a c o s t e , *Avocat en Parlement*, à *Mauriac*.

Joseph-Louis J a f f e u x , Bailli du Pont-du-Château.

François T e i l l a r d , *Prévôt de Murat*.

Henri-Zacharie C o u h e r s d u V e r n e t , *Avocat en Parlement , Bailli de Viverols*.

Maurice B r a n c h e , *Avocat en Parlement , à Paulha-guet*.

Gui-François P e r r e t , *Négociant à Aurillac*.

L'Assemblée ainsi formée , sous la réserve expresse que les rangs & séances ci-dessus prises , ne pourront nuire ni préjudicier aux droits & qualités des sus-nommés , ni aux dignités & prééminences des bénéfices , villes & terres.

M. le Vicomte d e B e a u n e , Président, a prononcé le discours suivant :

MESSIEURS,

» Il est bien flatteur pour moi , d'avoir pu fixer le choix
» du Roi pour présider cette Assemblée, mais en la for-
» mant de Membres tels que vous , Messieurs , Sa Majesté
» a voulu me faciliter les moyens de répondre à sa confiance,
» & remplir ses vues bienfaisantes.

» Le vœu formé depuis long-temps par la Nation pour
» l'établissement des Assemblées provinciales, l'empresse-
» ment de Sa Majesté à adopter les observations que lui ont

Procès Verbal.
14 Août 1787.

» faites à ce sujet des Notables que Sa Majesté avoit ras-
» semblé près d'elle, le bien que doivent en faire résulter
» pour les Peuples, la sagesse & la bonne intelligence des
» Administrations, sont autant de motifs puissans pour exci-
» ter notre zèle, & il est agréable pour nous, Messieurs,
» d'être les premiers interprètes des intentions particulières
» de Sa Majesté pour la province d'Auvergne.

» M. l'Intendant, Messieurs, m'ayant fait prévenir qu'il
» avoit à nous remettre des ordres de Sa Majesté, il est
» nécessaire que nous nommions deux Députés pour aller le
» prévenir que nous sommes assemblés & disposés à le re-
» cevoir, & trois autres Députés pour le recevoir au haut
» de l'escalier ainsi qu'il a été pratiqué dans les Assemblées
» provinciales du Berry & de la Haute-Guienne. »

Ce Discours fini, MM. l'Abbé de Rochebrune, & Reboul
ont été députés vers M. de Chazerat, Intendant de la Généralité d'Auvergne & Commissaire nommé par le Roi,
pour le prévenir que l'Assemblée étoit formée & prête à le
recevoir.

Ces Députés étant de retour, M. le Commissaire du Roi
a fait avertir l'Assemblée de son arrivée ; M. le Vicomte
de Beaune a prié M. l'Abbé de Micolon, M. le Comte
d'Espinchal & M. Rochette, d'aller au devant de lui, ces
Messieurs se sont rendus au haut de l'escalier pour le recevoir, & l'ont accompagné jusques dans la Salle.

M. le Commiſſaire du Roi eſt entré ayant à ſa droite M. l'Abbé de Micolon, à ſa gauche, M. le Comte d'Eſpinchal, & accompagné de M. Rochette.

MM. de l'Aſſemblée ſe ſont levés à ſon arrivée ſans quitter leurs places, M. le Commiſſaire du Roi ayant ſalué l'Aſſemblée & pris place dans un fauteuil en face de M. le Préſident, a dit.

MESSIEURS,

» Chargé par le Roi de vous remettre le Réglement
» conſtitutif de vos Aſſemblées, je m'acquitte de cette Com-
» miſſion avec d'autant plus de ſatisfaction qu'elle me met
» à même d'offrir à votre Préſident, l'hommage public de
» mes ſentimens pour un Chef qui réunit les qualités qui
» doivent le rendre cher à ſa Province, antique berceau
» de ſes ayeux.

» Je dois auſſi, Meſſieurs, aux Membres, ſes Coopéra-
» teurs, les témoignages des ſentimens du Public pour eux,
» ſentimens qui juſtifient le choix qu'a fait Sa Majeſté. »

» Les fonctions importantes confiées à vos lumières & à
» votre intégrité ont pour objet principal le ſoin le plus cher
» à ſon cœur, le ſoulagement & le bonheur de ſes Peuples.

» Vous repondrez certainement aux vues bienfaiſantes
» du Souverain & à l'eſpoir de ſes Sujets, je m'eſtimerai
» heureux ſi je puis y concourir avec vous, & j'eſpere que

Procès Verbal
14 Août 1787.

» mon zèle & mon attachement connus pour notre com-
» mune Partie, me concilieront de plus en plus votre efti-
» me & votre amitié. » & à l'inftant M. le Commiffaire du
Roi a laiffé fur le bureau l'expédition du fufdit Règlement.

M. le Préfident a repondu, » Monfieur, nous recevons
» avec foumiffion & refpect les ordres de Sa Majefté, &
» nous efpérons qu'en concourant avec vous, Monfieur, à
» leur exécution, il nous deviendra facile de procurer
» aux Habitans de cette Province le bien & le foulagement
» que Sa Majefté a eu l'intention de leur faire fentir, par
» l'établiffement de cette Affemblée.

M. le Commiffaire du Roi s'eft levé, a falué l'Affemblée, s'eft retiré, & a été reconduit dans le même ordre
qu'il avoit été reçu.

M. le Préfident, après avoir, par Charles-Jean-Jacques
Moriffe, fon Secrétaire, faifant par *intérim* les fonctions
de Greffier, fait faire lecture de l'Edit du mois de Juin
dernier, portant création des Affemblées provinciales, & du
Réglement du huit du mois dernier, a préfenté fommai-
rement les différents objets, dont Sa Majefté défiroit que
l'Affemblée s'occupât d'abord ; & a obfervé, qu'avant de fe
livrer à des objets fi importans, il étoit convenable d'im-
plorer les lumières du Saint-Efprit.

En conféquence, l'Affemblée a prié Mgr. l'Évêque de

Procès Verbal.
14 Août 1787.

Saint-Flour de célébrer la Meſſe ; & il a été arrêté qu'elle ſe diroit demain à dix heures & demie du matin dans la Chapelle du Collège.

MM. l'Abbé de Micolon, le Comte de la Rochelambert, Couhers-du-Vernet & Branche ont été nommés pour faire la réviſion des procès verbaux de l'Aſſemblée préliminaire.

Cette Séance s'eſt terminée par la nomination de MM. l'Abbé de Vaulx, le Comte de La Queuille, de Pruns & Daude, députés pour aller ſaluer M. le Commiſſaire du Roi au nom de l'Aſſemblée ; & le préſent procès verbal a été ſigné de M. le Préſident, de MM. les Membres de l'Aſſemblée & du Secrétaire, faiſant par *intérim* les fonctions de Greffier. Signé *Montagu*, Vicomte de Beaune ; † *C. M.* Évêque de Saint-Flour ; l'Abbé *Micolon* ; l'Abbé *de Rochebrune* ; l'Abbé *de Vaulx*, Comte de Brioude ; l'Abbé *de Peſtels* ; *Miallet-de-Faulat*, Abbé de Montſalvy ; l'Abbé *de Riolz*, *Miramon*, *Rochelambert*, *La Queuille*, *d'Eſpinchal*, *La Fayette*, *Reboul*, *Rochette*, *Leygonyer-de-Pruns*, *Daude*, *Bayet*, *Lacoſte*, *Bec-Dutreuil*, *Jaſſeux*, *Couhers-du-Vernet*, *Branche*, *Teillard*, *Perret*, & *Moriſſe*, Secrétaire.

RÈGLEMENT

RÉGLEMENT
FAIT PAR LE ROI,

Sur la formation & la composition des Assemblées qui auront lieu dans la province d'Auvergne, en vertu de l'Edit portant création des Assemblées provinciales.

Du 8 Juillet 1787.

L E Roi ayant, par son Edit du mois de Juin dernier, ordonné qu'il seroit incessamment établi dans les provinces & généralités de son Royaume, différentes Assemblées, suivant la forme qui sera déterminée par Sa Majesté, Elle a résolu de faire connoître ses intentions sur la formation & la composition de celles qui auront lieu dans la province d'Auvergne. Les dispositions que Sa Majesté a suivies, sont généralement conformes à l'esprit qui a dirigé les délibérations des Notables de son Royaume, qu'elle a appellés auprès d'Elle ; mais en les adoptant, & malgré les avantages qu'elle s'en promet, Sa Majesté n'entend pas les regarder comme irrévocablement déterminées ; Elle sait que les meilleures institutions ne se perfectionnent qu'avec le temps, & comme il n'en est point

Réglement.
8 Juillet 1787.

C

Réglement.
8 Juillet 1787.

qui doive plus influer fur le bonheur de fes fujets que celle des Affemblées provinciales, Elle fe referve de faire, à ces premiers arrangemens, tous les changemens que l'éxpérience lui fera juger néceffaires ; c'eft en conféquence qu'Elle a voulu que les premières Affemblées, dont Elle ordonne l'établiffement reftent, pendant trois ans, telles qu'elles feront compofées pour la première fois : ce délai mettra Sa Majefté à portée de juger des effets qu'elles auront produits, & d'affurer enfuite la confiftance & la perfection qu'elles doivent avoir ; en conféquence Sa Majefté a ordonné & ordonne ce qui fuit :

L'adminiftration de la province d'Auvergne fera divifée entre trois efpèces d'Affemblées différentes, une municipale, une d'élection & une provinciale.

L'Affemblée provinciale fe tiendra dans la ville de Clermont, celle de l'élection dans le chef-lieu ; enfin les Affemblées municipales dans les villes & les paroiffes qu'elles repréfentent.

Elles feront élémentaires les unes des autres, dans ce fens que les Membres de l'Affemblée de la province feront choifis parmi ceux des Affemblées d'élections, & ceux-ci pareillement, parmi ceux qui compoferont les Affemblées municipales.

Elles auront toutes leur bafe conftitutive dans ce dernier élément formé dans les villes & paroiffes.

ASSEMBLÉES MUNICIPALES.

ARTICLE PREMIER.

Réglement,
8 Juillet 1787.

Dans toutes les communautés d'Auvergne où il n'y a pas actuellement d'Affembée municipale, il en fera formé une conformément à ce qui va être prefcrit, Sa Majefté n'entendant pas changer, pour le moment, la ferme & l'adminiftration des municipalités établies.

I I.

L'Affemblée municipale qui aura lieu dans les communautés de la province d'Auvergne, où il n'y a point de municipalité établie, fera compofée du Seigneur de la paroiffe & du Curé qui en feront toujours partie, & de trois, fix ou neuf Membres choifis par la communauté ; c'eft-à-dire, de trois, fi la communauté contient moins de cent feux; de fix, fi elle en contient deux cents, & de neuf, fi elle en contient davantage.

I I I.

Lorfqu'il y aura plufieurs Seigneurs de la même paroiffe, ils feront alternativement, & pour une année chacun, Membres de l'Affemblée municipale, en cas que la Seigneurie de la paroiffe foit entr'eux également partagée, fi au contraire la feigneurie eft inégalement partagée, celui qui en poffédera la moitié fera, de deux années une, Membre de ladite Affemblée ; celui qui en poffédera un tiers, de trois années,

C 2

Réglement.
8 Juillet 1787.

une; & les autres qui en posséderont une moindre partie, feront tenus d'en choisir un d'entr'eux pour les représenter, &, pour faire ledit choix, chacun aura autant de voix qu'il aura de portions de seigneurie.

I V.

Il y aura en outre, dans lesdites Assemblées, un Syndic qui aura voix délibérative & qui sera chargé de l'exécution des résolutions qui auront été délibérées par l'Assemblée, & qui n'auront pas été exécutées par elle.

V.

Le Syndic & les Membres électifs de ladite Assemblée, seront élus par l'Assemblée de toute la paroisse convoquée à cet effet.

V I.

L'Assemblée de la paroisse sera composée de tous ceux qui paieront 10 livres & au-dessus, dans ladite paroisse, d'imposition foncière ou personnelle, de quelqu'état & condition qu'ils soient.

V I I.

Ladite Assemblée paroissiale se tiendra, cette année, le deuxième Dimanche d'Août, & les années suivantes, le premier Dimanche d'Octobre, à l'issue de vêpres.

V I I I.

Cette Assemblée paroissiale sera présidée par le Syndic; le Seigneur & le Curé n'y assisteront pas.

I X.

Réglement.
8 Juillet 1787.

Le Syndic recueillera les voix, & celui qui en réunira le plus, sera le premier élu Membre de l'Assemblée municipale, & il sera de même procédé successivement à l'élection des autres.

X.

Ces élections & toutes celles qui seront mentionnées dans le présent Réglement, se feront par la voie du scrutin.

X I.

Toute personne noble ou non noble ayant vingt - cinq ans accomplis, étant domiciliée dans la Paroisse au moins depuis un an, & payant au moins 30 livres d'impositions foncières ou personnelles, pourra être élue Membre de l'Assemblée municipale.

X I I.

Chaque année, après les trois premières années révolues, un tiers des Membres, choisis par l'Assemblée municipale, se retirera & sera remplacé par un autre tiers nommé par l'Assemblée paroissiale ; le sort décidera les deux premières années, de ceux qui devront se retirer, ensuite l'acienneté.

X I I I.

Nul Membre de l'Assemblée municipale ne pourra être réélu qu'après deux ans d'intervalle. Le Syndic sera élu tous les trois ans, & pourra être continué neuf ans, mais toujours par une nouvelle élection.

XIV.

Réglement.
8 Juillet 1787.

Le Seigneur préfidera l'Affemblée municipale ; en fon abfence, le Syndic. Le Seigneur, qui ne fe trouvera pas à l'Affemblée, pourra s'y faire repréfenter par un fondé de procuration, qui fe placera à la droite du Préfident : les Corps laïques ou eccléfiaftiques qui feront Seigneurs, feront repréfentés de même par un fondé de procuration.

XV.

Le Curé fiégera à la gauche du Préfident, & le Syndic à la droite, quand il ne préfidera pas ; les autres Membres de l'Affemblée fiégeront entr'eux, fuivant la date de leur élection.

XVI.

L'Affemblée municipale élira un Greffier qui fera auffi celui de l'Affemblée paroiffiale ; il pourra être révoqué à volonté par l'Affemblée municipale.

ASSEMBLÉES D'ÉLECTION.

ARTICLE PREMIER.

La généralité d'Auvergne étant partagée en fept élections, il fera établi dans chacune une Affemblée particulière.

II.

Nul ne pourra être de ces Affemblées, s'il n'a été Membre d'une Affemblée municipale, foit de droit, comme le

Seigneur eccléfiaftique ou laïque & le Curé, foit par élection, comme ceux qui auront été choifis par les Affemblées paroiffiales. Les premiers repréfenteront le Clergé & la Nobleffe, les autres, le Tiers - état.

Réglement.
8 Juillet 1787.

I I I.

Dans les villes ou paroiffes dans lefquelles il y a des municipalités établies, les Députés defdites villes ou paroiffes aux Affemblées d'élection, feront pris dans les Membres de ladite municipalité, ainfi que parmi les Seigneurs & Curés defdites villes & paroiffes, & ce jufqu'à ce qu'il en ait été autrement ordonné.

I V.

Les fondés de procuration des Seigneurs laïques à une Affemblée municipale, pourront auffi, fi le Seigneur qu'ils repréfentent n'eft pas lui-même de l'Affemblée d'élection, & un feul pour chaque Seigneur, quand même il auroit plufieurs feigneuries, être nommés pour y affifter, pourvu qu'ils foient nobles, & qu'ils poffédent au moins 1000 liv. de revenu dans l'élection.

V.

Lorfqu'une Seigneurie fera poffédée par des Corps & Communautés, un des Membres defdits Corps & Communautés, pourvu qu'il foit noble ou eccléfiaftique, pourra, à ce titre, être Membre defdites Affemblées d'élection, fans néanmoins

Réglement.
8 Juillet 1787.

que le même Corps puiſſe avoir plus d'un Député à la même Aſſemblée.

V I.

Leſdites Aſſemblées feront compoſées , favoir , celles de Clermont , Riom , Iſſoire , Brioude & Saint-Flour , de 20 perſonnes , celles d'Aurillac & Mauriac de 16. Dans ce nombre , moitié fera priſe parmi les Eccléſiaſtiques & les Seigneurs laïques ou Gentils-hommes les repréſentans , & moitié parmi les Députés des villes & des paroiſſes .

V I I.

Les élections de Clermont , Riom , Iſſoire , Brioude & Saint-Flour , feront diviſées chacune en cinq arrondiſſemens, & celles d'Aurillac & de Mauriac en quatre. Ces arrondiſſemens enverront à l'Aſſemblée d'élection chacun le nombre de quatre Députés ; ainſi qu'il fera dit ci-après ; & fera cette diviſion d'arrondiſſement faite par les premières Aſſemblées d'élection.

V I I I.

La première Aſſemblée d'élection ſe tiendra au jour qui fera indiqué par les perſonnes que nous nommerons ci-après, pour former l'Aſſemblée provinciale.

I X.

Les mêmes perſonnes nommeront la moitié des Membres
de

de ceux qui doivent compofer l'Affemblée d'élection , & ceux-
ci fe compléteront au nombre qui eft ci-deffus exprimé.

Réglement.
8 Juillet 1787.

X.

Quand les Affemblées d'élection feront formées , elles refteront compofées des mêmes perfonnes pendant les années
1788 , 1789 & 1790.

X I.

Ce tems expiré , les Affemblées fe régénéreront en la forme
fuivante : un quart fortira chaque année par le fort, en 1791,
1792 & 1793 ; & après fuivant l'ancienneté , de manière
néanmoins que , par année , il forte toujours un Membre de
chaque arrondiffement. Pour remplacer celui qui fortira , il
fe formera une Affemblée repréfentative des paroiffes de chaque arrondiffement. Cette Affemblée fera compofée des
Seigneurs , des Curés & des Syndics defdites paroiffes , & de
deux Députés pris dans l'Affemblée municipale , & choifis à
cet effet par l'Affemblée paroiffiale. Ces cinq Députés fe ren-
dront au lieu où fe tiendra l'Affemblée d'arrondiffement, &
qui fera déterminée par l'Affemblée d'élection , & ils éliront
le Député à l'affemblée d'élection , dans le même ordre que
celui qui fera dans le cas d'en fortir. Cette Affemblée d'arrondiffement fera préfidée alternativement par celui des
Seigneurs eccléfiaftiques ou laïques qui devra fiéger le
premier, fuivant l'ordre ci-après établi. En cas d'abfence de

D

Réglement.
8 Juillet 1787.

Seigneur, la préfidence fera dévolue au Syndic le plus an-
ciennement élu, & en cas d'égalité dans l'élection, au plus
ancien d'âge.

X I I.

En cas qu'il ne fe trouve pas de Seigneur, ni même de
perfonne fondée de la procuration des Seigneurs, qui puiffe
être députée à l'Affemblée d'élection, il fera libre d'en choi-
fir dans un autre arrondiffement, mais de la même élection.

X I I I.

La compofition des Affemblées d'élection fera tellement
ordonnée, que les Membres du Clergé & de la Nobleffe,
ou du Tiers-état, feront le moins qu'il fera poffible, tirés
de la même paroiffe; & la paroiffe dont fera celui qui fortira
de l'Affemblée, ne pourra pas en fournir du même ordre,
qu'après un an au moins révolu.

X I V.

Les Députés des paroiffes feront, autant qu'il fe pourra,
toujours pris moitié dans les villes & moitié dans les paroiffes
de campagne.

X V.

La préfidence fera dévolue à un Membre du Clergé ou
de la Nobleffe indifféremment; ce Préfident fera nommé la
première fois par Sa Majefté; il reftera quatre ans Préfident,
après quoi & tous les quatre ans, le Roi choifira celui que

Sa Majefté jugera convenable entre deux Membres du
Clergé & deux de la Nobleffe qui lui auront été propofés
par l'Affemblée, après avoir réuni la pluralité des fuffrages.

Réglement.
8 Juillet 1787.

X V I.

L'ordre des féances fera tel que les Eccléfiaftiques feront
à droite du Préfident, les Seigneurs laïques à gauche, &
les repréfentans le Tiers-état en face.

X V I I.

En l'abfence du Préfident, l'Affemblée, s'il eft Eccléfiaftique, fera préfidée par le premier des Seigneurs laïques,
& s'il eft laïque, par le premier des Eccléfiaftiques.

X V I I I.

Les Eccléfiaftiques garderont entr'eux l'ordre accoutumé
dans leurs féances.

X I X.

Les Seigneurs laïques fiégeront fuivant l'ancienneté de
leur admiffion, & l'âge décidera entre ceux qui feront
admis le même jour.

X X.

Les féances entre le Tiers-état, feront fuivant l'ordre des
paroiffes qui fera déterminé d'après leur contribution.

X X I.

Les voix feront prifes par tête, & de manière qu'on pren-
dra la voix d'un Eccléfiaftique, enfuite celle d'un Seigneur

D 2

Réglement.
8 Juillet 1787.

laïque, enfuite deux voix du Tiers-état, & ainfi de fuite jufqu'à la fin. Le Préfident opinera le dernier, & aura voix
prépondérante en cas de partage. Ce qui eft dit du Préfident
de cette Affemblée, aura lieu pour toutes les Affemblées
ou commiffions dont il eft queftion dans le préfent Réglement.

X X I I.

Lefdites Affemblées d'élection auront deux Syndics, un
pris parmi les repréfentans du Clergé & de la Nobleffe, &
l'autre parmi les repréfentans du Tiers-état. Les deux Syndics feront trois ans en place, & pourront être continués
pendant neuf années, mais toujours par une nouvelle élection, après trois ans accomplis, & de manière cependant
que les deux ne foient pas changés à la fois.

X X I I I.

Il y aura de plus un Greffier qui fera nommé par l'Affemblée, & révocable à fa volonté.

X X I V.

Pendant l'intervalle des Affemblées d'élection, il y aura
une commiffion intermédiaire, compofée d'un Membre du
Clergé, d'un de la Nobleffe, & de deux du Tiers-état,
qui, avec les Syndics, feront chargés de toutes les affaires
que l'Affemblée leur aura confiées.

X X V.

Le Greffier de l'Affemblée, fera auffi le Greffier de Réglement.
8 Juillet 1787. cette commiffion intermédiaire.

X X V I.

Le Préfident de l'Affemblée d'élection préfidera auffi, quand il fera préfent, cette commiffion intermédiaire.

X X V I I.

En fon abfence, elle fera préfidée par celui des repréfentans du Clergé & de la Nobleffe, qui fera nommé de ladite commiffion, & ce, fuivant que le Préfident fera de l'ordre de la Nobleffe, ainfi qu'il a été dit ci-deffus.

X X V I I I.

Les Membres de ladite commiffion feront élus par l'Affemblée ; les premiers refteront les mêmes pendant trois ans, après lefquels un fortira chaque année, d'abord par le fort, enfuite par ancienneté, & fera remplacé dans fon ordre par l'Affemblée.

X X I X.

Ladite commiffion intermédiaire rendra compte à l'Affemblée, par l'organe des Syndics, de tout ce qui aura été fait par elle dans le cours de l'année.

ASSEMBLÉES PROVINCIALES.

ARTICLE PREMIER.

L'Affemblée provinciale d'Auvergne, fe tiendra, pour la première fois, le 14 du mois d'Août.

Réglement.
8 Juillet 1787.

I I.

Elle fera compofée du fieur Vicomte de Beaune , que Sa Majefté a nommé Préfident , & des vingt-trois perfonnes qu'Elle fe propofe de nommer à cet effet , & qui feront prifes , favoir, fix parmi les Eccléfiaftiques , cinq parmi les Seigneurs laïques , & douze pour la repréfentation du Tiers-état.

I I I.

Le fieur Vicomte de Beaune & les autres perfonnes nommées dans l'article précédent , nommeront 24 autres perfonnes , pour former le nombre de 48 , dont ladite Affemblée fera compofée.

I V.

Ils nommeront pareillement les perfonnes qui , avec le Préfident que le Roi aura nommé , commenceront à former les Affemblées d'élection , qui doivent enfuite nommer les autres Membres defdites Affemblées.

V.

Ils nommeront pareillement deux Syndics : un fera pris parmi les repréfentans du Clergé & de la Nobleffe , & l'autre parmi les repréfentans du Tiers-état & un Greffier.

V I.

Ils nommeront auffi une commiffion intermédiaire , compofée du préfident de l'Affemblée , des deux Syndics , d'un

Membre du Clergé, d'un de la Nobleſſe, & du Tiers-état.

V I I.

Réglem ent.
8 Juillet 1787.

Des 48 Membres dont ſera compoſée l'Aſſemblée provinciale, 24 ſeront Eccléſiaſtiques & Seigneurs laïques ou Gen-
tilshommes les repréſentans ; les uns & les autres en nombre
égal, & 24 pris dans les Députés des villes & des paroiſſes,
& de manière que ſur les 48, huit ſoient toujours pris dans
chacune des élections, de Clermont, Riom, Iſſoire,
Brioude & Saint-Flour, & quatre dans chacune de celles
d'Aurillac & de Mauriac, & qu'entre ces Membres il y ait
toujours moitié du Clergé & de la Nobleſſe, & moitié du
Tiers-état.

V I I I.

Parmi les Membres de ladite Aſſemblée, il ne pourra
jamais s'en trouver deux de la même paroiſſe.

I X.

La première formation faite reſtera fixe pendant les trois
premières années : & ce terme expiré, l'Aſſemblée ſera ré-
générée par le procédé ſuivant.

X

Un quart ſe retirera par le ſort en 1791, 1792 & 1793,
& enſuite par ancienneté : ce quart, qui ſe retirera chaque
année, ſera tellement diſtribué entre les élections, qu'il

Réglement.
8 Juillet 1787.

forte deux Députés des élections , de Clermont , Riom , Iffoire , Brioude & Saint-Flour ; & un de celles d'Aurillac & de Mauriac ; & feront les Députés qui fortiront, remplacés dans leur ordre par d'autres de la même élection , & nommés à cet effet par l'Affemblée d'élection.

X I.

Celui qui aura été élu par l'Affemblée d'élection pour affifter à l'Affemblée provinciale , pourra refter Membre de l'Affemblée d'élection , & ainfi être tout à la fois ou n'être pas partie des deux Affemblées ; mais les Membres de la commiffion intermédiaire des Affemblées d'élection, ne pourront être Membres de la commiffion intermédiaire de l'Affemblée provinciale.

X I I.

Tout Membre de l'Affemblée provinciale qui aura ceffé d'en être , pourra être réélu , après toute fois qu'il aura été une année Membre d'Affemblée d'élection.

X I I I.

En cas qu'un Membre de l'Affemblée provinciale meure ou fe retire avant que fon tems foit expiré , il fera remplacé dans fon ordre par l'Affemblée d'élection, & celui qui le remplacera , ne fera que remplir le tems qui reftoit à parcourir à celui qu'il aura remplacé.

XIV.

X I V.

Réglement.
8 Juillet 1787.

Le Préfident de l'Affemblée provinciale reftera quatre ans Préfident.

X V.

Ce terme expiré, le Roi nommera un autre Préfident, pris parmi quatre des Préfidens des élections, dont deux du Clergé & deux de la Nobleffe, qui lui feront préfentés par l'Affemblée provinciale.

X V I.

Ce qui a été dit des élections, des rangs, ainfi que des Syndics, des Greffiers & de la commiffion intermédiaire, pour les Affemblées d'élection, aura également lieu pour les rangs, les Syndics, les Greffiers, & la commiffion intermédiaire de l'Affemblée provinciale.

X V I I.

Les Affemblées municipales d'élection, ainfi que les commiffions intermédiaires qui en dépendent, feront foumifes & fubordonnées à l'Affemblée provinciale & à la commiffion intermédiaire qui la repréfentera, ainfi qu'il fera plus amplement déterminé par Sa Majefté.

X V I I I.

Sa Majefté fe referve pareillement de déterminer, d'une manière particulière les fonctions de ces diverfes Affemblées,

E

Réglement.
8 Juillet 1787.

& leur relation avec le Commiffaire départi dans ladite Province ; Elle entend qu'en attendant qu'Elle fe foit plus amplement expliquée , les Réglemens faits par Elle à ce fujet , pour l'Affemblée provinciale du Berry , foient provifionnellement fuivis , ainfi qu'ils fe comportent.

FAIT & arrêté par le Roi étant en fon Confeil , tenu à Verfailles le huit juillet mil fept cent quatre-vingt-fept.

Signé, LOUIS. *Et plus bas*, le B.ᵒⁿ DE BRETEUIL.

Procès Verbal.
15 Aôut 1787.

Le quinze du même mois , à dix heures & demie.

L'Affemblée réunie s'eft rendue dans la chapelle du College pour entendre la meffe , ainfi qu'il avoit été délibéré la veille.

Signés , MONTAGU , Vicomte de Beaune , & *Moriffe* , Secrétaire.

16 Août

Le Jeudi feize Août , à huit heures & demie du matin.

L'Affemblée ayant pris féance , un des Membres a propofé que d'après l'article XX, du Réglement relatif aux Élections , & de l'article XVI , concernant les Affemblées provinciales , l'ordre des féances dans le Tiers-État fut réglé par celui de la contribution des Paroiffes. Lecture faite des deux articles , il a été délibéré de renvoyer la difcuffion de cette demande au tems où l'affemblée fera entiérement formée.

L'Affemblée ayant enfuite à procéder à la nomination des Membres qui doivent la completter, a nommé pour vérifier le Scrutin, Mgr. l'Évêque de Saint-Flour, M. le Comte de la Rochelambert, M. Reboul & M. Bec-Dutreuil.

Procès Verbal.
15 Août 1787.

M. C R O I X, *Avocat à Clermont*, *a été élu Secrétaire-Greffier.*

M. le Comte de L A S T I C L E S C U R E *a été choifi Procureur-Syndic, pour les ordres de la Noblesse & du Clergé.*

M. R E B O U L, *ancien Lieutenant-Général, & Maire de la ville de Clermont, a été nommé Procureur-Syndic pour l'ordre du Tiers-état.*

Le nombre des Membres pour completter l'Affemblée, y compris celui qui doit remplacer M. Reboul, a été compofé de,

POUR L'ORDRE DU CLERGÉ.

M. L'Abbé D E C H A M P F L O U R, *Prévôt de l'Eglife de Clermont.*

M. l'Abbé M O R I N D E L E T Z, *Doyen du Chapitre de Cébazat.*

M. l'Abbé D E L A M O U S S E, *Vicaire-Général de Clermont & Chanoine de Mareugeols.*

M. l'Abbé de C O T E U G E, *Prévôt de MM. les Comtes de Brioude.*

E 2

Procès Verbal.
16 Août 1787.

M. l'Abbé de MURAT, *Doyen de Mauriac, & Aumo-
nier de Madame.*

. *Signés,* MONTAGU, Vicomte de Beaune, & *Moriffe,*
Secrétaire.

*Du même jour seize Août mil sept cent quatre-vingt-sept, à
quatre heures du soir.*

L'Affemblée continuant la nomination de ses Membres,
a choisi,

POUR L'ORDRE DE LA NOBLESSE.

M. Le Comte de MACON.

M. le Marquis de CAPONY.

M. le Comte DE LA ROCHETTE DAUGER.

M. le Comte DE DIENNE DE ST. EUSTACHE.

M. le Comte D'ANGLARD DE BASSIGNAC.

M. le Marquis DE MIREPOIX.

Signés, MONTAGU, Vicomte de Beaune, & *Moriffe,*
Secrétaire.

17 Août.

*Le vendredi dix-sept Août mil sept cent quatre-vingt-sept, à huit
heures du matin.*

L'Affemblée a fini l'élection de ses Membres par la nomination de,

POUR LE TIERS-ÉTAT.

Procès Verbal.
1ᵉʳ Août 1787.

M. Brunel, *Doyen des Conseillers de la Sénéchaussée & Présidial de Clermont.*

M. Rongier, *Négociant à Clermont.*

M. Heyrauld, *Bourgeois au Crest.*

M. Chabrol, *Ecuyer, Président & Lieutenant-Criminel en la Sénéchaussée & Présidial de Riom.*

M. Ribeyrolle des Martinanches, *Négociant à Thiers.*

M. de Benoit, *Maire de Maringues.*

M. Chaumette des Pradeaux, *Avocat.*

M. Vimal Ceyleron, *Négociant d'Ambert.*

M. Couteil, *premier Echevin à Saint-Flour.*

M. Brechet de Vedrines, *à Chaudesaigues.*

M. Romeuf, *de la Voute-Chillac.*

M. Grangier, *Bailli d'Alegre.*

M. Salvage de Claviere, *Ingenieur, & Capitaine au Corps-Royal du Génie.*

Signés, Montagu, Vicomte de Beaune, & *Croix,* Secrétaire-Greffier.

Le même jour, à quatre heures & demie du soir.

Pour commencer la formation des Assemblées d'Élections, ont été nommés,

Procès Verbal.
17 Août 1787.

Pour celle de Clermont, préfidée par M. DE PONS DE LA GRANGE, Vicaire Général de Clermont.

POUR L'ORDRE DU CLERGÉ.

M. l'Abbé de CLARY DE SAINT-ANGEL , *Chanoine de l'Eglife de Clermont.*

M. l'Abbé DE CHASSIGNOL, *Doyen de la Sainte Chapelle de Vic-le-Comte.*

POUR L'ORDRE DE LA NOBLESSE.

M. le Marquis de LAIZER , fils.

M. le Comte DE CHAMPETIERE.

POUR L'ORDRE DU TIERS-ÉTAT.

M. GROS SABLON , *Echevin de Clermont.*

M. HUGUET, *Maire de Billom.*

M. GODIVELLE, *Bailli de Beſſe.*

M. GOYON DE FRANC SEJOUR, *Secrétaire du Roi, à Courpiere .*

M. PETIT, *de Ravel , Féudiſte,*

Pour l'Election de Riom , préfidée par M. le Comte DE LA QUEUILLE.

POUR L'ORDRE DU CLERGÉ.

M. l'Abbé ORDINAIRE, *Chanoine de St. Amable.*

M. PAGÈS , *Curé de Montaigut.*

POUR L'ORDRE DE LA NOBLESSE.

Procès Verbal,
17 Août 1787.

M. le Marquis DE CAPONY.

M. le Comte de VILLEMONTEIX.

POUR L'ORDRE DU TIERS-ETAT.

M. REDDON, *Avocat.*

M. FABRY, *Echevin de la ville de Thiers.*

M. GERZAT, *Notaire Royal à Enneʒat.*

M. BOUDET, *Notaire à Maringues.*

M. DUMAS, *Bourgeois, de Condat.*

Pour l'Election d'Iſſoire, préſidée par M. le Comte
DE LAIZER.

POUR L'ORDRE DU CLERGÉ.

M. le Comte DE MASSAL, *Syndic du Chapitre de*
Brioude, Seigneur de Saint-Germain-Lambron.

M. BOURDEILLES, *Curé de Malliat.*

POUR L'ORDRE DE LA NOBLESSE.

M. le Comte MIALET DE FARGUES.

M. le Marquis DE PONS DE LA GRANGE.

POUR L'ORDRE DU TIERS-ÉTAT.

M. LAURENT, *Officier Municipal de la ville d'Iſſoire.*

M. CHRISTOPHLE, *Lieutenant-Général d'Uſſon.*

M. M o l i n , *Bourgeois de Job.*

Procès Verbal.
17 Août 1787.

M. B r a v a r d d e l a B o i s s e r i e , *de la ville d'Arlanc.*

M. C o l , *Avocat à St. Anthelme.*

Signés, M o n t a g u , Vicomte de Beaune , & *Croix*, Secrétaire - Greffier.

18 Août.

Le samedi dix-huit Août mil sept cent quatre — vingt-sept, huit heures du matin.

L'Assemblée continuant la nomination des Membres, pour former les Assemblées d'Élections , ont été nommés ,

Pour l'Election de Brioude , présidée par M. le Vicomte
D E M o n c h a l .

P O U R L' O R D R E D U C L E R G É.

M. d e B o r d e i l l e s , *Doyen du Chapitre de Brioude.*

.M. C o m p t e , *Curé de St. Georges d'Aurat.*

P O U R L' O R D R E D E L A N O B L E S S E.

M. le Comte D' E s p i n c h a l.

M. le Marquis D E l a F a y e t t e.

P O U R L' O R D R E D U T I E R S - E T A T.

M. D E V a u z e i l l e s , *Avocat, Syndic de Brioude.*
M.

M. PRIEUR, *Avocat à Blesle.*

M. BRANCHE, *pere, Notaire royal à Paulhaguet.*

M. DE ROZIERE, *Avocat à Langeac.*

M. FAURE, *Bourgeois à la Chaise-Dieu.*

Pour l'Election de Saint-Flour, présidée par Mgr.
L'EVÊQUE de Saint-Flour.

Procès verbal.
18 Août 1787.

POUR L'ORDRE DU CLERGÉ.

M. l'Abbé VAYRON, *Vicaire-Général de Saint-Flour.*

M. PODEVIGNE, *Prêtre à Ste. Urcize.*

POUR L'ORDRE DE LA NOBLESSE.

M. le Comte DE LA ROCHELAMBERT.

M. le Baron DE BRUGIER DE ROCHEBRUNE.

POUR L'ORDRE DU TIERS-ÉTAT.

M. BOREL DE MONTCHAUVEL, *Lieutenant de Maire de Saint-Flour.*

M. DAUDE, *Avocat du Roi au Bailliage de Saint-Flour.*

M. DE VILLAS, *Avocat à Pierre-Fort.*

M. PEUVERGNE, *neveu, Négociant à Allanche.*

M. BOUCHET, *Notaire royal à Vedrines-Saint-Loup.*

Pour l'Election d'Aurillac, présidée par M. le Vicomte
DE PEYRONNENCQ.

POUR L'ORDRE DU CLERGÉ.

M. LEIGONYER DE PRUNS, *Sacristain du Chapitre d'Aurillac.* F

Procès verbal.
28 Août 1787.

M. F O U R, *Curé de Monvert.*

POUR L'ORDRE DE LA NOBLESSE.

M. le Comte D E G A I N D E M O N T A G N A C.

POUR L'ORDRE DU TIERS-ÉTAT.

M. P R I N C E, *Officier municipal d'Aurillac.*

M. P A G È S D E S H U T E S, *ancien Capitoul, Maire de la ville de Vic.*

M. D E L A G R A N G E, *Seigneur de Juniac, à Montfalvy·*

M. B A S T I D, *Notaire royal à Saint-Cernin.*

Pour l'Election de Mauriac, présidée par M. le Comte D'A N G L A R D D E B A S S I G N A C.

POUR L'ORDRE DU CLERGÉ.

M. C O L I N E T D E L A B E A U, *Doyen du Chapitre de Saint-Chamant.*

M. R O N N A T, *Curé de Mauriac.*

POUR L'ORDRE DE LA NOBLESSE.

M. le Comte D E S A R T I G E.

POUR L'ORDRE DU TIERS-ÉTAT.

M. L' E S C U R I E R, *Lieutenant-Général de Salers.*

M. D U P E Y R O N, *Avocat à Pleaux.*

M. R E Y M O N D - T O T A L, *Avocat à Menet.*

M. T E R N A T, *Bourgeois à Mauriac.*

Toutes lesquelles nominations ont été faites suivant le vœu du Réglement, dans les différens ordres de chaque Election.

Ensuite M. le Préfident a propofé de procéder, conformément à l'article V I du Réglement du huit Juillet dernier, à la nomination des Membres qui doivent compofer la Commiffion intermédiaire de l'Affemblée provinciale ; & les fuffrages fe font réunis fur M. l'Abbé de Rochebrune, M. le Comte de Macon, M. Leygonier-de-Pruns & M. Branche.

Ces Meffieurs ont remercié l'Affemblée de la marque de confiance qu'elle a bien voulu leur donner, & l'ont affurée de leur zèle à juftifier fon choix.

Signés, MONTAGU , Vicomte de Beaune & *Croix,* Secrétaire-Greffier.

Le même jour, dix - huit Août, à cinq heures du foir.

M. le Préfident a propofé de former un apperçu des frais & dépenfes néceffaires de cette Affemblée ; & M. l'Abbé de Micolon, M. de la Rochelambert, M. Reboul & M. Daude ont été nommés Commiffaires pour faire ce travail, & en faire leur rapport à l'Affemblée.

Enfuite un des Membres s'eft levé & a dit, que la répartition des Membres de l'Affemblée provinciale, n'a pas été, dans tous les cas, proportionnée à la répartition des taxes, à l'étendue & à la population de quelques-unes des Eleétions; que celle d'Aurillac, par exemple, une des plus confidéra-

F 2

bles de la Province, s'eſt trouvée par le Reglement bornée au choix de quatre Repréſentans; & comme cette inéga-lité, même dans la première Aſſemblée, pourroit avoir plus d'inconvéniens qu'une légère augmentation, M. le Préſident pourroit être prié de faire parvenir au Gouvernement les repréſentations des Eleƈtions qui ſe croiroient conſidérable-ment lézées.

La matière miſe en délibération par M. le Préſident:

L'Aſſemblée a approuvé cette propoſition. *Signés*, MONTAGU, Vicomte de Beaune, & *Croix*, Secrétaire-Greffier.

Le Dimanche, dix-neuf Août, à cinq heures du ſoir.

M. le Préſident a préſenté un projet d'inſtruƈtion, à don-ner par l'Aſſemblée à ſa commiſſion intermédiaire & aux Aſſemblées d'éleƈtions; & après que la leƈture en a été faite, l'Aſſemblée a arrêté que, ſuivant l'intention de Sa Majeſté, M. l'Intendant devant faire le département cette année, il ſembleroit que la Commiſſion intermédiaire doit ſeulement, dès ce moment, juſqu'à la tenue de l'Aſſemblée complette, ſe procurer les renſeignemens ſuivans.

1°. Demander à M. l'Intendant des états de diſtribution du moins impoſé.

2°. Des états des fonds deſtinés aux travaux de charité.

3°. Des états des fonds libres de la capitation & des em-plois qui en ſont faits.

4°. L'état des fonds des vingtièmes & des sommes assignées sur cette imposition.

Procès verbal.
19 Aout 1787.

5°. L'état des fonds du département des ponts & chaussées, des dépenses assignées sur ces fonds, de la situation actuelle de ces fonds, & de ce qui peut être dû, soit aux particuliers pour indemnités, soit aux entrepreneurs.

6°. L'état de répartition de l'addition au brevet général de la taille, pour la prestation en argent en remplacement de la corvée.

7°. Un état de distribution des fonds des dépenses variables, assignées sur les impositions accessoires, tant de la taille que de la capitation.

8°. Demander aux ingénieurs de la province l'état des travaux des routes, des ouvrages commencés, des ouvrages à faire, des gages des conducteurs, chargés de suivre les travaux des routes, des appointemens des inspecteurs, sous-ingénieurs & élèves des ponts & chaussées.

La Commission recevra aussi les mémoires qui lui seront présentés.

Après s'être procuré tous ces renseignemens, la Commission intermédiaire en rendra compte à l'Assemblée provinciale, qui, pendant sa tenue traitera de ces objets, des changemens qu'on pourroit y désirer, & préparera ainsi les opérations, dont la Commission intermédiaire sera occupée l'année prochaine.

Qu'à l'égard des inftructions à donner aux Affemblées d'é-
lection , elles peuvent fe réduire aux articles fuivans.

1°. Chaque Affemblée d'élection , commencera par former
fes arrondiffemens , de manière qu'il y ait dans chacun à peu
près la même quantité de paroiffes.

2°. Elle fe procurera des états des impofitions de chaque
paroiffe.

3°. Elle formera des états du nombre des feux, des che-
vaux , des bœufs & vaches , des bêtes à laine ; & une efti-
mation des différens biens de chaque paroiffe.

4°. Les Préfidens des Affemblées d'élection, & les commiffions intermédiaires de ces Affemblées , s'empreffferont de
prendre des ingénieurs des ponts & chauffées tous les ren-
feignemens poffibles fur l'état des chemins de leurs Elections ,
& fur les fonds néceffaires à ce fujet.

5°. En cas que quelque Membre de l'Affemblée d'élection ,
déja nommé , ne pût accepter, cette Affemblée fera auto-
rifée à le remplacer. *Signé*, Montagu-de-Beaune & Croix, G^{er}.

Lundi vingt Août , à dix heures du matin.

L'Affemblée étant réunie , a fixé au huit octobre prochain
l'ouverture de chaque Affemblée d'élection , & au trois novembre fuivant celle de l'Affemblée provinciale complette.

Enfuite un des Commiffaires nommés pour former l'apperçu

des états de dépenses , ayant obfervé que la Commiffion ne
pouvoit connoître les frais des Affemblées d'élection , a
repréfenté qu'il feroit néceffaire , avant de s'occuper de cet
objet , de charger les Affemblées d'élection de faire un apperçu
de leurs frais de la manière la plus économique , & de le
remettre à l'Affemblée provinciale du trois novembre , qui ,
fur le rapport que lui fera la Commiffion , arrêtera le mon-
tant total des frais de toutes les Affemblées.

La matière mife en délibération par M. le Préfident ,
l'Affemblée a adopté cette obfervation & a arrêté que fon
contenu feroit exécuté.

L'Affemblée a unanimement arrêté que M. le Préfident ,
en rendant compte au Roi du travail de l'Affemblée préliminaire , eft prié de faire parvenir à Sa Majefté l'hommage
de notre reconnoiffance , pour l'établiffement falutaire &
vraiment patriotique d'une Affemblée provinciale , ainfi que
de celles qui lui font fubordonnées ; & particuliérement pour
le principe équitable & bienfaifant qui doit régénérer les Affemblées par une députation des repréfentans librement élus par
leurs concitoyens.

Que fi notre fenfibilité a d'abord été excitée par l'a-
mour de la patrie , premier fentiment de nos cœurs ,
Nous fommes auffi pénétrés de reconnoiffance pour le choix
que Sa Majefté a daigné faire de nous ; & nous prions M. le

Préfident de mettre à fes pieds nos refpectueux remercimens.

Procès verbal.
10 Août 1787.

Et en même tems que nous recevons avec empreffement une forme d'Adminiftration auffi défirée qu'avantageufe, & que nous efpérons que le réglement qui nous eft annoncé donnera un libre effort à notre zèle, & à nos Affemblées la dignité convenable; nous prenons la liberté d'obferver que notre province eft une de celles qui ont ceffé le plus tard d'exercer leur droit de s'affembler en états, & confidérant la différence des fonctions qui femblent être deftinées à l'Affemblée, avec les prérogatives facrées de nos états, nous croyons devoir fupplier Sa Majefté de daigner déclarer à la province qu'Elle entend, comme nous le faifons ici nous-mêmes, que l'exécution de ce nouveau réglement ne portera aucune atteinte aux droits primitifs & imprefcriptibles de l'Auvergne.

L'Affemblée a également arrêté de prier M. le Préfident d'offrir à Mᵣ. l'Archévêque de Touloufe, chef du Confeil Royal des Finances, l'expreffion de la reconnoiffance de l'Affemblée.

Signés, MONTAGU, Vicomte de Beaune, & *Croix*, Greffier.

21 Août 1787.

Du vingt-un Août, à onze heures du matin.

L'Affemblée étant réunie, M. le Préfident a préfenté une lettre du fieur Croix, Secrétaire-Greffier de l'Affemblée, qui le prie de faire agréer à l'Affemblée fa démiffion de cette place;

mais

mais M. le Préfident ayant annoncé que l'Affemblée alloit terminer fes féances, il a été arrêté qu'il étoit convenable de charger la Commiffion intermédiaire du choix d'un fujet pour remplacer le fieur Croix, & en attendant on a nommé M. Moriffe, Secrétaire de M. le Préfident, pour faire par *intérim* les fonctions de Greffier. Enfuite M. le Préfident a dit :

Procès Verbal. 21 Août 1787.

MESSIEURS,

» Je n'entreprendrai pas de faire l'éloge du zèle & du pa-
» triotifme que vous avez montré dans les féances préliminai-
» res de cette Affemblée, ni de la délicateffe & de la pru-
» dence avec laquelle vous avez choifi les Membres qui doi-
» vent completter cette Affemblée, former fa Commiffion
» intermédiaire & remplir les fonctions de Syndic, & ceux
» qui doivent compofer les Affemblées d'élections, la publi-
» cité des procès verbaux mettra tout le monde à portée de
» le faire ; mais je vous offrirai, Meffieurs, l'hommage de
» toute ma reconnoiffance des fentimens que vous m'avez
» témoigné ; vous y ajoutez encore aujourd'hui en me nom-
» mant l'interprète de vos cœurs auprès du Roi, & j'efpère,
» par mon empreffement & mon attention à remplir vos defirs,
» vous convaincre, Meffieurs, de l'importance que j'attache
» à la confiance que vous m'accordez. »

L'Affemblée a député M. le Comte de la Queuille & M. Reboul pour aller inviter M. le Commiffaire du Roi à venir faire la clôture de l'Affemblée.

G

Procès verbal.
21 Août 1787.

M. le Commissaire du Roi ayant été reçu avec les mêmes honneurs que lors de l'ouverture, par MM. l'Abbé de Pestels, le Comte de la Rochelambert, de Pruns, & Branche nommés à cet effet , a prononcé le discours suivant :

MESSIEURS,

» Votre zèle pour le service du Roi, vos sentimens patrio-
» tiques , le desir dont vous êtes animés d'opérer le bien, font
» des garans bien surs du choix important que vous avez fait
» des Membres qui doivent partager avec vous les fonctions
» intéressantes qu'il a plû à Sa Majesté de vous confier.

» C'est avec une véritable satisfaction que je verrai arriver
» le moment où nos rapports mutuels me mettront à portée
» de vous convaincre de tous les sentimens dont je vous ai fait
» hommage à l'ouverture de cette Assemblée dont le Roi m'a
» chargé de faire la clôture. Je m'empresserai de présenter à
» Sa Majesté vos vœux & vos respects. »

M. Le Président a répondu ,

MONSIEUR,

» C'est une grande satisfaction pour cette Assemblée de
» trouver en vous l'interprète des intentions du Roi, & ce
» titre que vos vertus & vos qualités nous rendent encore plus
» précieux, nous assurent de vos dispositions à concourir
» avec nous au bonheur de cette province , notre commune
» patrie.

» Nous aurions defiré, Monfieur, pouvoir dès ce moment
» donner à Sa Majefté des preuves plus importantes de notre
» zèle & de notre empreffement à exécuter fes ordres & à
» feconder fes vues bienfaifantes, mais nous nous en confolons
» par l'efpoir que nos travaux deviendront plus glorieux &
» plus méritoires par la jonction de nos efforts à ceux des Mem-
» bres que nous avons choifi pour completter cette Affemblée.

Procès verbal. 21 Août 1781.

» Dans ces fentimens, Monfieur, l'Affemblée attend de
» votre juftice que vous voudrez bien faire parvenir au
» Roi les affurances de fon profond refpect & de fon attache-
» ment inviolable à fa Perfonne, à fa gloire & à la félicité de
» la province d'Auvergne. »

M. le Commiffaire du Roi s'eft retiré & a été reconduit avec
les mêmes honneurs.

L'Affemblée a terminé fes féances, & MM. les Membres
ont figné le préfent procès verbal. Signé, *Montagu*, Vicomte
de Beaune. † *C. M.* Évêque de Saint-Flour, l'Abbé *de
Micolon*, l'Abbé *de Rochebrune*, l'Abbé *de Vaulx*, Comte
de Brioude, l'Abbé *de Peftels*, l'Abbé *Mialet de Faulat*,
l'Abbé *de Riolz*, *Miramont*, *Rochelambert*, *la Queuille*,
d'Efpinchal, *la Fayette*, *Rochette*, *Leigonyer de Pruns*,
Daude, *Bayet*, *Bec-Dutreuil*, *Lacofte*, *Jaffeux*, *Teillard*,
Couhers-du-Vernet, *Branche*, *Perret*.

R E B O U L, Procureur Syndic.

MORISSE, Secrétaire.

www.ingramcontent.com/pod-product-compliance
Lightning Source LLC
LaVergne TN
LVHW022033080426
835513LV00009B/1021